Zhongguo Wenhua
Zhishi Duben

中国文化知识读本

主编　金开诚

编著　于元

古代琉璃器

吉林出版集团有限责任公司

吉林文史出版社

图书在版编目（CIP）数据

古代琉璃器 / 于元编著. —— 长春：吉林出版集团
有限责任公司：吉林文史出版社，2009.12（2023.4重印）
（中国文化知识读本）
ISBN 978-7-5463-1960-5

Ⅰ.①古… Ⅱ.①于… Ⅲ.①琉璃－简介－中国－古
代 Ⅳ.①K876.3

中国版本图书馆CIP数据核字(2009)第237201号

古代琉璃器

GUDAI LIULIQI

主编/ 金开诚 编著/于元

责任编辑/曹恒 崔博华 责任校对/王明智

装帧设计/曹恒

出版发行/吉林出版集团有限责任公司 吉林文史出版社

地址/长春市福祉大路5788号 邮编/130000

印刷/天津市天玺印务有限公司

版次/2009年12月第1版 印次/2023年4月第4次印刷

开本/660mm×915mm 1/16

印张/8 字数/30千

书号/ISBN 978-7-5463-1960-5

定价/34.80元

前 言

　　文化是一种社会现象，是人类物质文明和精神文明有机融合的产物；同时又是一种历史现象，是社会的历史沉积。当今世界，随着经济全球化进程的加快，人们也越来越重视本民族的文化。我们只有加强对本民族文化的继承和创新，才能更好地弘扬民族精神，增强民族凝聚力。历史经验告诉我们，任何一个民族要想屹立于世界民族之林，必须具有自尊、自信、自强的民族意识。文化是维系一个民族生存和发展的强大动力。一个民族的存在依赖文化，文化的解体就是一个民族的消亡。

　　随着我国综合国力的日益强大，广大民众对重塑民族自尊心和自豪感的愿望日益迫切。作为民族大家庭中的一员，将源远流长、博大精深的中国文化继承并传播给广大群众，特别是青年一代，是我们出版人义不容辞的责任。

　　本套丛书是由吉林文史出版社和吉林出版集团有限责任公司组织国内知名专家学者编写的一套旨在传播中华五千年优秀传统文化，提高全民文化修养的大型知识读本。该书在深入挖掘和整理中华优秀传统文化成果的同时，结合社会发展，注入了时代精神。书中优美生动的文字、简明通俗的语言、图文并茂的形式，把中国文化中的物态文化、制度文化、行为文化、精神文化等知识要点全面展示给读者。点点滴滴的文化知识仿佛颗颗繁星，组成了灿烂辉煌的中国文化的天穹。

　　希望本书能为弘扬中华五千年优秀传统文化、增强各民族团结、构建社会主义和谐社会尽一份绵薄之力，也坚信我们的中华民族一定能够早日实现伟大复兴！

目录

一、略谈琉璃

琉璃器具

琉璃胎的主要成分是陶土，其化学成分是二氧化硅、氧化铝和少量的氧化铁、氧化锰、氧化钙。琉璃胎材料以安徽当涂白土山的白土质量最好，烧成陶器后呈白颜色。琉璃胎经过1100℃以上的高温烧制成功后，再涂上釉料。

琉璃釉料分为三部分：氧化剂、着色剂和石英。

氧化剂为黄丹（氧化铅）和火硝（硝酸钾）；着色剂包括氧化铁、氧化钴、氧化铜、二氧化锰等金属氧化物。根据颜色要求，各种着色剂要按不同的比例搭配，可以调制出黄、蓝、绿、白、孔雀蓝、茄皮紫等颜色。

　　琉璃胎涂上釉料后，再进行800℃至900℃的低温烧制，形成一层薄薄的彩色釉，便可得到琉璃制品了。

　　琉璃是中华民族灿烂的文化，是中国古代的艺术瑰宝，是国粹。琉璃的艺术美源于自然和生活，是人对社会生活审美判断的表现，是审美意识的物化。琉璃所代表的传统风格是不可取代的。从大型宫殿建筑群到小巧玲珑的琉璃饰件，无不体现出琉璃的外在美和深厚的文化内涵。琉璃是中国古代美学思想的精髓。我们的祖先

河南开封大相国寺琉璃塔局部特写

通过火的艺术完成了陶与瓷的衍化，给我们留下了高品位的琉璃精品。

琉璃古时称流离、青玉石等。古人将人造及天然宝石、玻璃器等统称为琉璃。随着古代陶器的发展及瓷器的产生，琉璃作为中国传统陶瓷衍生品种大量应用于建筑装饰后，历经千年逐渐变成一个专用名词，专指内为陶瓷外为釉彩的精美制品。

琉璃制品比一般陶器要坚实、美观，富有民族特色。据考古证明，在战国时期即已出现琉璃工艺，但质料不纯。直至宋代才出现真正的琉璃工艺，并开始用于建筑之上了。

琉璃可以烧制砖、瓦、盆、缸等制品，可以用做建筑构件。建筑所用的琉璃构件包

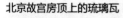
北京故宫房顶上的琉璃瓦

宫殿房顶上的琉璃瓦

括琉璃瓦和正脊、鸱吻、脊兽、琉璃影壁所用的雕花琉璃砖、一般琉璃砖等。

宋朝时期,我们的祖先已经在宫殿上使用黄绿色的琉璃瓦了。

元朝时期,宫殿的房顶上已经装上黄、绿、蓝、红、粉、白、黑、紫等多色琉璃瓦和琉璃构件了。

明清两代宫殿、陵寝和皇家寺庙多用黄色琉璃,园林建筑采用蓝、绿、黑等色琉璃,亲王宫殿、园寝多用绿色琉璃。

琉璃瓦是中国传统的建筑物件,通常施以金黄、翠绿、碧蓝等彩色釉。因为它的材料坚固,流光溢彩,所以一直是建筑陶瓷材料中的骄子。琉璃瓦经过历代发展,

湖北钟祥市明显陵内的琼花双龙琉
璃影壁

已形成品种丰富、形制讲究的系列产品。常
用的普通瓦件有板瓦、筒瓦、勾头瓦、滴水
瓦、罗锅瓦、折腰瓦、挑角、正吻、合角吻、
走兽、垂兽、钱兽、宝顶等等。琉璃瓦是中
国古代建筑中的上等材料，专用于皇家建筑
和达官贵人的住宅。琉璃瓦一般分为黄、绿、
蓝、黑四种。

　　中国古建筑对瓦的颜色十分讲究，具有
强烈的封建政治色彩。黄色琉璃瓦专用于宫
殿、陵墓、园林、庙宇等皇家建筑屋顶。中
国古代有五行学说，五行金、木、水、火、
土。其中土为黄色，居于中央。因此，黄色
成了帝王的专用色。例如：在颐和园内，帝
王活动的建筑群均采用黄色琉璃瓦顶，而园

关帝庙琉璃瓦顶

内风景区的建筑群和百姓住宅均采用黑色瓦顶。孔庙、关公庙也用黄色瓦顶，因为孔子被奉为文宣王，关公被封为武圣王。

中国古建筑的装饰颜色有时还有某些特定的象征意义，根据五行学说，黑色属于水。因为水能克火，所以紫禁城内库房的屋顶采用黑色琉璃瓦。又如故宫藏书建筑文渊阁也采用黑色瓦顶，因为藏书楼容易失火，所以采用黑色表示以水压火，以免发生火灾。而天坛采用蓝色琉璃瓦顶，因为天是蓝色的。

故宫中的阿哥所，即供皇子皇孙居住的地方，有三套完全相同的院落，都是绿色琉璃瓦盖顶。因为绿色象征春天，万物

太和殿屋脊小兽

复苏，充满生机。此外，郡王府和亲王府也用绿色琉璃。

彩色琉璃瓦通常用于皇家花园，象征富丽。御花园、雨花阁便采用彩色琉璃瓦，如百花齐放，万紫千红，十分壮丽。

不但琉璃的颜色受到限制，连数目也是有严格规定的。在中国古宫殿建筑上，往往装饰着一些小兽。这些小兽按照建筑等级的高低而有数量的不同。最多的是故宫太和殿上的装饰小兽，共有十个，显示至高无上的重要地位。在其他古建筑上一般最多使用九个小兽。这里有严格的等级界限，只有太和殿才能十样俱全，而中和殿和保和殿都只能有九个，连天安门上也只能有九个小兽。

太和殿屋脊上的十个小兽寓意分别是：象征帝王的龙、象征和谐祥瑞的凤、勇猛威严的狮子、作为吉祥化身的天马和海马、日行五百里的猛兽狻猊、灭火防灾的甲鱼、勇敢公正的獬豸、除祸灭害的斗牛、尊贵机智的行什（猴）。琉璃的价值已远远超过了建筑的范畴，它赠给人们一个多彩的世界。这些小兽站在屋顶，代表了人们逢凶化吉的美好愿望。

琉璃制作要经过备料、成型、素烧、施釉、

古代建筑屋脊上的五脊六兽

釉烧等几道工序。

　　琉璃原料大都就地取材，也有就近取材的。过去，因缺少有效的原料检测技术和设备，制陶匠人在原料选择上总结出了一套简便实用的土办法，通过看、捏、舔、划、咬等方式判断泥料的成分和性能。琉璃所用泥料是一种低铝坩土，好的原料呈黑灰色或青灰色，里外颜色一致；用手指将软坩土捏碎，凭触感判断颗粒的细度，细颗粒多的黏土结合性好，可塑性强，干燥强度也高；可用舌尖舔黏土的断面，如果感到吸力大，表明其结合性、吸附性和可塑性好；硬质黏土不论是哪种颜色，如果用小刀在表层能划出白色痕迹的，这种

武当山金顶屋脊小兽

黏土经煅烧后会呈白色或微黄色。如果断层不平整，像贝壳一样，可判断这种黏土含氧化铝成分较高，耐火度也高；将黏土用牙咬感到有蜡状物或油脂感，说明其含铝量较低，塑性也好，咬时如有细砂或一般土感，则含铝量高。

琉璃釉料的配制最难掌握，也是最为机密的技艺，尤其像"孔雀蓝"这类釉料的配方，匠人视为绝技，素有"传媳不传女"之说。这是琉璃生产的最后一道关键工序，完全根据火苗变化的颜色判断窑内温度的高低。如果釉烧失败了，那就意味着前面的所有工序全部报废，前功尽弃。

二、古代琉璃史

（一）汉代琉璃

　　琉璃发明于西周时期，当时生产的琉璃制品多为琉璃珠、琉璃项链等装饰用品，也有一些制品用于镶嵌器物和用具，很受人们喜爱。

　　到了汉代，琉璃制作技术有了进一步的发展，应用范围也扩大了。汉代的很多明器，也就是陪葬器物，便是用琉璃制作的。有的日用器皿也用琉璃制造，有的门窗和墙壁上的饰件也开始用琉璃制品了。

　　汉代琉璃制品表面的釉彩多是绿色的，考古界一般称之为绿釉陶器，简称釉陶。其

汉代琉璃管珠

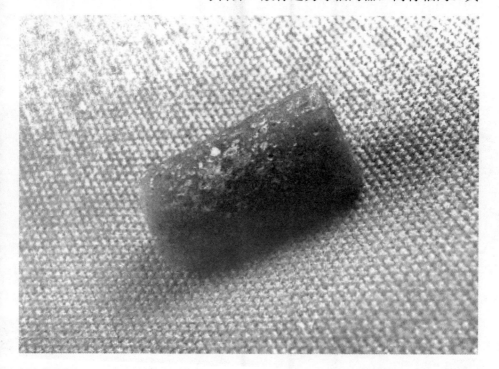

汉代明器中的陶楼

器形有壶、瓶、鼎、罐、仓、柜、灶、盆、楼阁等多种。这些制品大多出土于太原、大同、长冶、芮城、运城、平陆、闻喜、河津等地的汉墓中。

运城市博物馆保存的汉代绿釉舞乐陶楼不仅造型高大，而且楼上还有载歌载舞的陶俑，形象生动。

汉代明器中有相当数量的陶楼，一般都被定为望楼。1969年山西运城侯村出土的绿釉陶楼立于水上，上面有歌舞伎俑，还有一件主人观赏俑。这种陶楼有多种用途，可以作为临时性表演乐舞百戏的场所。

1975年安徽涡阳大王殿焦窑1号砖石墓分别出土两件绿釉陶楼。二楼的镜框式舞台分为前后台，前台有伎人奏乐俑和倒立俑，舞台栏杆和立柱上装饰着熊。

这些出土文物造型精美，反映了汉代琉璃工艺的水平。

北魏琉璃钵

（二）三国魏晋南北朝琉璃

三国魏晋时期，社会动荡不安，北方生产受到严重影响，手工业难以发展。但到了南北朝时期，尤其在北魏统治时期，社会相对安定，经济得以发展，琉璃突破了日用器皿和明器的范畴，开始成为一种建筑材料，被制成琉璃瓦，铺在房顶上，从而开创了琉璃艺术在建筑中的灿烂历史。

琉璃制品在春秋战国时期就出现了，因其通透光润，纯净无瑕，给人一种空灵的遐想，所以受到佛教的重视，被尊为佛教七宝之一。但这种琉璃与建筑琉璃是不同的，随着建筑技术的发展，人们在原先陶土烧制的砖瓦表面上涂上琉璃材质，试图达到琉璃的效果，于是建筑琉璃出现了。

北魏琉璃在汉代单色绿釉的基础上大

司马金龙墓出土的甲骑具装俑

大前进了一步，出现了双色釉和多色釉。花色品种增多，釉色变得更加莹润明亮了。除绿色、深绿、浅绿、黄色、淡黄、褐色等单色外，或在黄地上加绿彩，或在白地上加绿彩，或黄、绿、褐三色并用。这为过渡到唐、辽时期的三彩釉陶器皿奠定了基础。

大同市博物馆收藏的北魏司马金龙墓出土的一大批匈奴琉璃俑，有仪仗、武士、侍从、骑马女吏、女乐、胡俑驮马、跃马、陶骆驼等，形象生动，人物和服饰都有胡人风采，是研究北魏文化和中外文化交流的实物资料。不仅有历史研究价值，而且在琉璃制作上具有

药师佛像

一定的科学意义。

北魏平城宫殿开始使用建筑琉璃瓦。接着，北齐宫殿也铺上黄、绿琉璃瓦了。

琉璃在中国的广泛应用也得益于佛教。佛教认为在西方极乐世界之外，还有一个东方净琉璃世界，也是净土乐园。药师佛是东方净琉璃世界的教主。这个位于东方的净琉璃世界是佛教中的理想境界之一，药师佛曾立下十二大愿，要使净琉璃世界的一切居民无病无灾，丰衣足食。药师佛除与释迦佛、弥陀佛在大雄宝殿共享人间香火外，还有自己的药师殿。药师殿正中为药师佛，两旁是他的左右胁侍日光菩萨和月光菩萨，合称"药师三尊"，又叫"东方三圣"。

为了迎合这种说法，佛教在中国兴盛时期，琉璃作为饰件被广泛应用于建筑，其用意是要在人们眼前造出一个实实在在的琉璃世界来。

（三）隋唐琉璃

隋朝统一中国后，结束了南北分裂的局面和持续几百年的战乱，在政治、经济、文化等方面出现了好转，陶瓷业也得到了发展，

绿釉陶器

唐三彩骆驼伎乐俑

重要窑址在大河南北增建起来。

隋朝在琉璃工艺上仍承袭绿釉陶的特色，以日用器皿为主；建筑物上的瓦件仍为灰色，但在京城已经重新试用绿釉饰件了。

隋朝的何稠是一位有才能的建筑家，掌管朝廷建筑衙门"细作署"后，他曾试造琉璃绿瓦用于殿顶。从此，建筑上的琉璃构件开始增多了。到元、明、清时，建筑琉璃遍及各地，中国真的成了"琉璃世界"了。建筑琉璃的推广，何稠可谓功不可没。

唐三彩菩萨俑

为了推动宗教的发展，隋朝已经开始用琉璃制作佛像和菩萨像。

唐代是我国封建社会的鼎盛时期，政权稳固，经济繁荣，人们安居乐业。这一切促进了琉璃制造业的进一步发展，从而出现了三色釉陶，也就是唐三彩。从此，单调的绿釉陶有了新的伙伴。

唐三彩的制作与建筑上的琉璃构件相比，除胎土略有粗细之分外，其他均无差异。呈单色者称"一彩"，呈双色者称"二彩"，呈两种以上颜色者统称"三彩"。釉色有蓝、深蓝、绿、深绿、浅绿、翠绿、黄、白、赭、

唐代彩绘女俑

褐等多种，真可谓"五色琉璃"了。在琉璃史上，也有人对唐三彩进行单项研究。

　　唐代除制作琉璃器物外，建筑物上使用琉璃作为饰物的地域和范围也日益扩大。山西的介休、陕西的长安、河南的嵩山、东北的渤海国等地的重要建筑物上都用上了琉璃吻兽和瓦件。

　　唐代是琉璃艺术的发展时期，长安的宫殿上已有较多的琉璃饰件，而且开始用黄、绿、白三色琉璃装饰屋顶。

　　琉璃瓦质地紧密，经过打磨后，表面显得十分光滑，多被人们用于宫殿和寺庙

河南开封相国寺琉璃塔有"天下第一塔"的美誉

建筑上。长安大明宫出土的琉璃瓦以绿色居多，蓝色次之，并有绿琉璃砖，表面雕刻有莲花图案。

唐朝重要建筑的屋顶常用鸱吻，显得华贵秀丽。

北魏以前中国生产的琉璃瓦价格极其昂贵。北魏中期，一位高僧将大规模生产琉璃瓦同时保证成品率的方法传开后，琉璃价格开始下降，这才有了普遍使用的可能。中晚唐建造的清思殿遗址出土了大量各种色彩的琉璃瓦，说明琉璃瓦已经被普遍应用于宫殿建筑上。

唐朝灭亡后,中国进入五代十国时期。虽然这一时期战乱频繁,但山西一带的琉璃业仍在继续发展,并未间断。

（四）宋辽金琉璃

从北宋到元代,琉璃建筑饰件的使用已经十分广泛,开封祐国寺琉璃塔便是一个例子。

河南开封相国寺琉璃塔位于河南省开封市城内东北角,建于北宋皇祐元年(1049年)。这是一座塔身砖砌,外包红、褐、蓝、绿等色琉璃构件的楼阁式古塔。因其颜色

琉璃塔通体遍砌彩色琉璃砖

以红、褐为主，远看似铁塔，故又名开封铁塔，显得十分庄重。

此塔原为木塔，后遭雷火焚毁，于北宋皇祐元年（1049年）重建。塔为八角形，13层，仿木结构，高54.66米。

塔顶有垂脊铁链八根，上有桃形铜宝瓶。塔上的门窗、角柱等构件均以各色琉璃材料制成。塔身外表用二十八种不同形状的褐色琉璃砖砌成。全塔的琉璃件上遍布佛、菩萨、天王、力士、飞天、狮子、麒麟、牡丹、莲花、宝相花等五十多种图案，形似而传神，堪称一件精美的大型琉璃艺术品。

塔内不同部位有许多形状各异、大小不一的结构砖，有榫有眼，符合力学要求。

琉璃塔是古人留下的一座辉煌的琉璃实物，显示了宋人在建筑材料、技术和艺术等方面的卓越成就。

宋朝是我国古代琉璃建筑的兴盛时期，尤其重视装饰与色调的配合，讲究装饰美与色调美的统一，增加了建筑的艺术效果。

山西太原圣母殿是晋祠的主殿，位于全祠中轴线西端。圣母为周成王之母邑姜，

晋祠圣母殿

宋辽三彩刻花陶枕

是炎帝之后，姜子牙之女。圣母殿始建于北宋天圣年间，北宋崇宁元年（1102年）重修，是宋人所建殿宇的代表作。

圣母殿内没有柱子，用廊柱和檐柱各一周承托殿顶。这种构造为殿内设置神龛和塑像创造了宽敞的空间。殿顶以筒板瓦覆盖，用黄绿琉璃剪边，使整个殿宇显得富丽堂皇，庄重典雅。

从宋朝开始，在宫殿、官署、庙宇、祠堂上使用琉璃已经渐渐形成规制。在北宋写成的《营造法式》中，对琉璃瓦的制作工艺做出了文字记载。《营造法式》详述建筑物各个部分的设计规范和各种构件的标准数据、施工方法和工序，以及砖、瓦、琉璃的烧制方法。对砖、瓦、琉璃的配料和各种颜料的配色方法做了规定。充分利用构件的艺术加工发挥其装饰作用，成为中国古典建筑的特征之一。

宋代琉璃制品的运用极为广泛，种类之多是历代所没有的。

琉璃饰件是中国建筑文化的重要组成部分，更是中国文化的重要组成部分，是中国建筑风貌的标志性元素。

契丹民族于五代后梁末帝贞明二年

辽三彩莲座摩羯壶一对

辽代琉璃珠
辽代琉璃龙纹瓦当

（916年）在我国北方建立了一个强大的政权，创造了富有民族特色的琉璃文化，生产出低温彩色釉陶制品，在我国陶器史上占有很重要的地位。人们把辽代陶制品称为"辽三彩"。它继承了"唐三彩"的传统，多用黄、绿、褐三色釉，器型中的鸡冠壶、筒式瓶、方碟、海棠花式长盘等富有契丹民族的风格。其中赤峰缸瓦窑烧造量相对大一些，所烧三彩釉陶器胎质细软，呈淡红色，釉色娇艳光洁，可与唐三彩媲美。辽三彩与唐三彩除胎土不同外，主要是辽三彩中无蓝色，施釉不交融，釉面很少有流淌现象。辽三彩承袭了唐三彩传统手法，并有自己的特点，在我国陶瓷发展史上具有一定地位。

大同附近杭芳园栖灵寺遗址出土了好多琉璃碎片，说明辽代建筑用琉璃已经很普遍。

金代承袭宋辽之制，琉璃业继续发展。其琉璃建筑遗存十分珍贵。

朔县崇福寺中于金皇统三年（1143年）所建的弥陀殿，其彩色琉璃吻兽和琉璃武士形象威武生动，釉色浑厚晶莹。崇福寺属全国重点文物保护单位，位于朔县城内东街北侧，始建于唐麟德二年（665年），

元代镂雕龙莲纹炉

佛光寺文殊殿

由鄂国公尉迟敬德奉敕建造。崇福寺主殿弥陀殿至今已有八百多年的历史，保存完好，让人们有幸看到金代的琉璃制品，十分难得。

（五）元代琉璃

自元代到明、清，是琉璃艺术发展的黄金时代。除了大量用琉璃制造楼阁、栏杆、桌、凳外，还大量用以装饰皇家宫殿、寺庙、官邸、官署等建筑。

元代修建大明宫时，宫顶之瓦皆为琉璃，色彩纷呈，光辉灿烂，有黄、绿、白、蓝、桃红、酱紫、青、黑诸色，并绘有美轮美奂的图案，更是锦上添花。

故宫博物院收藏的元代镂雕龙莲纹炉高

山西芮城永乐宫

39 厘米，口径 25.4 厘米，足距 22 厘米。口沿为一周云纹，荷莲束腰，腹部凸雕三枝盛开的牡丹，正反两面两条行龙一前一后穿行于雕花之中。炉底下有三兽足，口部耸立双耳，刻有铭文，双耳的背面雕刻忍冬纹饰。整器采用镂雕工艺，造型极美。

琉璃器发源于山西省，其地烧造历史最久，以黄、绿、紫色为主，色分深浅，与三彩、珐花器大同小异，遗存较多。

五台县豆村佛光寺文殊殿顶有元至正十一年造琉璃狮子，以红泥为胎，施黄、绿、蓝釉。平遥县东泉镇百福寺有元代延祐三年款的宝顶，内塑合掌童子，四边用浮雕莲花装饰，施黄、绿、黑、白釉。元大都

永乐宫三清殿

永乐宫三清殿琉璃屋脊

古代琉璃器

永乐宫殿宇两侧精美的琉璃鸱吻

曾出土一批琉璃器，有通高36厘米的镂雕凤穿牡丹花炉，附龙纹山峦器盖，分饰黄色与孔雀绿色釉，镂雕工艺精致。同时出土物还有兽头、鸱吻、鼓墩、筒瓦、滴水、瓦当、龙凤构件及道士塑像等琉璃器。

元世祖统一全国后，结束了宋、金时期对峙的分裂局面，为经济繁荣和手工业发展奠定了基础。从此，琉璃业开始进入兴盛阶段，琉璃品种、造型、工艺、色彩等方面均有很大的发展。

元代兴建的芮城永乐宫，其所用琉璃构件的制作技术极高，已用琉璃脊取代了瓦条脊，琉璃脊上还饰有花卉图案，使殿顶显得更加金碧辉煌。

永乐宫是我国道教三大祖庭之一，为

大报恩寺琉璃塔浮雕

纪念八仙之一吕洞宾而建，是现存最大的元代道教宫观。沿中轴线兴建的龙虎殿、三清殿、纯阳殿和重阳殿四个殿顶所用彩釉琉璃完整成组，是极其珍贵的艺术杰作。

元代，山西琉璃名匠已经开始向外地输出，元大都烧造琉璃的官窑就是山西赵姓匠人进京后主持经营的。初建窑址于宣武门外海王村，即今琉璃厂，后迁至西山门头沟琉璃渠村，俗称西窑。

赵氏曾承制元、明、清三代宫殿、陵寝、坛庙等多处各色琉璃制品，历时达七百多年。

（六）明代琉璃

明太祖朱元璋统一中国后，社会安定，城市繁荣，寺庙建筑增多，从而促使琉璃业在全国遍地开花。其制作规模之大，分布之广，技艺之精，匠师之多，均大大超过了以往任何朝代。

明代琉璃大量用于宫室、陵寝、园林、宗祠、庙宇、宝塔、供器，以及各种器具和饰件等。明朝初年，琉璃作品受宋、元影响较深，局限较大。明洪武十四年（1381年）所造太原崇善寺大悲殿的琉璃饰件是其典型代表。这些饰件均用陶土作胎，黄、绿色釉，

釉汁较浓，鸱吻为剑把吻，合嘴兽，形状拘束呆滞。

明成祖永乐年间到明宪宗成化年间（1403—1487年），琉璃业大为发展，使用范围扩大，品类增多，其造型也突破了宫廷限制，开始变得活泼而有生气了。这一时期的琉璃代表作是南京大报恩寺的琉璃宝塔。

大报恩寺琉璃宝塔是明成祖为纪念其生母贡妃而建的，塔高80米，9层8角，周长达百米。这项工程耗时17年，使用的匠人和军工达10万人，耗资248.5万两白银。塔建成后，被称为"天下第一塔"，更有"中国之大古董""永乐之大窑器"之美誉。

大报恩寺琉璃宝塔在南京屹立了近四百年后，1856年毁于太平天国内讧。据史书记载，建造此塔烧制的琉璃瓦、琉璃构件和白

大报恩寺塔复原图

瓷砖均为一式三份，建塔用去一份，其余两份编号埋入地下，以备缺损时上报工部，照号配件修补。

大报恩寺好比一顶璀璨的皇冠，琉璃塔是这顶皇冠上熠熠生辉的明珠。人称琉璃塔有"三绝"：

其一，高耸入云。琉璃塔是中国古代最高的建筑之一，通高78.02米，相当于26层楼房的高度。当时，在南京城的任何地方，只要一抬头就能看到它。琉璃塔最顶部是用纯金制成的宝珠，直径约4米，重达2000多两。琉璃塔的每层檐角下都悬挂铜制风铃，从上至下共152只，即使在微风中也可声闻数里。

其二，通体琉璃。琉璃塔的主体为砖砌，除了塔顶有一根管心木之外，整个建

大报恩寺遗址阿育王塔塔顶一角

大报恩寺龙纹瓦当

大报恩寺琉璃塔遗址

筑当中不施寸木，其内、外表层全部用各种
造型、各种颜色的琉璃构件借助榫卯合成。
琉璃塔所用的各种琉璃构件，几乎每件的形
状、尺寸、颜色、纹饰都有差异，因而制作
和烧制极费工时，这是琉璃塔建塔时间长达
17 年的重要原因之一。

　　其三，佛灯永明。每当暮色来临之时，
琉璃塔上就会点燃 144 盏如火炬般明亮的油
灯，彻夜不熄。在琉璃塔下建有一座油库，

海会寺琉璃塔（局部）

用于储存燃灯所需的灯油。琉璃塔上每盏
油灯每夜所需灯油价值六两四钱，整个琉
璃塔每月所耗灯油总量为 1530 斤。

　　当时，欧洲人对这座宝塔无不心向往
之。他们羡慕不已，后来竟不惜重金模仿
它建了一座瓷宫。大报恩寺琉璃塔被称为
中世纪世界七大奇迹之一，并被西方人视
为代表中国文化的标志性建筑。

　　明孝宗弘治至万历四十八年 (1488—

古代琉璃史

广胜寺飞虹塔

1620年），是明朝琉璃制作的黄金时代，有很多杰出的作品问世，如上党海会寺的琉璃塔。琉璃塔为八角十三级，高50余米，塔身主体用砖石叠砌，塔檐皆为砖雕仿木结构，琉璃施檐，飞角上悬挂铜铃。塔身各面又仿宋塔造了许多佛龛，局部使用琉璃装饰，使古塔流光溢彩，故名琉璃塔。所用琉璃制品皆为县内乔氏所造，北京故宫、十三陵等古建筑群的部分琉璃制品也出自乔氏之手。塔刹为三层胡芦形，外镀风磨铜，经久不蚀，光彩夺目，为琉璃塔增辉不少。这座宝塔被誉为"上党明塔之冠"。

山西省洪洞县城东北霍山之巅的广胜寺飞虹塔是我国现存最完整的大型琉璃古塔，为全国十九佛塔之一。飞虹塔始建于汉代，屡经兵燹，多次重修，现存者为明武宗正德十一年（1516 年）始建，明嘉靖六年（1527年）竣工，历时12年建成的明塔。明天启二年（1622 年），又于底层增建围廊。清康熙三十四年（1695 年）临汾盆地发生八级地震，此塔安然无恙，可见其坚固程度。

飞虹塔八角十三层，总高 47.31 米。塔身砖砌，各层皆有琉璃出檐，下三层尤其精致，上绘莲花、佛像、菩萨、金刚、盘龙、卧虎、奇兽、珍禽等色彩艳丽的图案。

广胜寺飞虹塔琉璃龙

广胜寺飞虹塔琉璃雕塑

飞虹塔外表镶饰五彩琉璃，十分壮丽。每当红日高照时，全塔熠熠闪光，仿佛一条美丽的彩虹，因而名为飞虹塔。塔身中空，内设"之"字形梯道，直通塔顶，设计之巧妙在我国古塔中罕见。

飞虹塔挺拔伟岸，五彩斑斓，为我国琉璃塔中的珍品。塔内藻井雕饰勾栏、楼阁、盘龙、人物等；外檐有佛、菩萨、天王、力士、龙凤、花卉等，均以黄、绿、蓝、紫、白等五色琉璃构件镶嵌，充分显示出明代琉璃制作的技艺。塔底层周围设有木构回廊，南面入口处突出一间二层龟须座。镶嵌在第二层的琉璃金刚以黄、绿、白三色琉璃烧成，造型生动，为琉璃工艺与雕塑艺术的完美结合。

广胜寺飞虹塔五彩琉璃雕塑

广胜寺飞虹塔挺拔伟岸

飞虹塔建成后，经受了四百余年的风雪侵蚀，仍坚如磐石，完好无损。飞虹塔与河南开封祐国寺琉璃塔齐名，被誉为"中国第二塔"。

（七）清代琉璃

进入清代后，由于我国琉璃业工匠世家有祖传绝活，一些优秀的琉璃作品仍不断问世。历代琉璃的化学成份表明，从汉代到清末，两千多年来，琉璃始终没有超越高温烧胎、低温烧釉的范畴，而且始终是沿袭着一个固有的程序制作的。

沈阳故宫金碧辉煌的琉璃瓦格外引人注目，尤其是那张牙舞爪勇攀房檐的双龙，真是活灵活现，帅气十足，让人记忆深刻。

沈阳故宫后花园琉璃影壁

多宝琉璃塔

在颐和园万寿山后山有一座多宝琉璃塔，也称多宝佛塔。塔身坐南向北，在塔的四周砌有红色围墙，院门朝北，门口立有一座木结构琉璃瓦顶的牌坊。此塔高16米，八面共七层，建于清代乾隆十六年（1751年），是乾隆皇帝为庆祝其母皇太后六十寿辰而建的。

这是一座楼阁式与密檐式相结合的宝塔。整座塔身是用黄、绿、青、蓝、紫五色琉璃砖镶嵌而成的。塔的底座为一层汉白玉雕成的须弥座，上面雕刻着精美的图案花纹。须弥座的正中坐落着琉璃塔身。塔身的一层、三层和五层比较高大，为楼阁式，而二层、四层、六层和七层却比较

多宝琉璃塔在阳光照耀下金碧
辉煌

矮小，恰似双重檐的楼阁。在楼阁式塔身的四面和正中各设有一个拱券形佛龛，佛龛中置有结跏趺坐式琉璃佛像。在大佛龛的周围和塔身的其他四面布满一排排小型佛龛，龛中塑有坐式琉璃佛像 580 尊。

这三层塔身上的佛像均为金黄色琉璃砖镶砌，佛像的背后为绿色。塔身的转角柱第一层为金黄色，第二层为紫色，第三层为蓝色，均用琉璃瓦砌成。

塔身的上面安有琉璃砖仿木式斗拱，承托着塔檐。每层塔檐的颜色各不相同，第一层为金黄色，第二层为绿色，第三层为紫色，

第四层为青色，第五层为蓝色，第六层为青色，最顶上一层为金黄色。

塔檐的角下各悬挂一枚铜铃，在楼阁式塔身的四周围有镂空琉璃组成的护栏。塔顶上置有宝座，四周悬一圈铜铃，上面是铃铎式刹身，再上面为刹顶。整座塔刹用铜制成，并在上面镀金。

乾隆皇帝在多宝琉璃塔建成后，将其命名为多宝佛塔，并亲笔撰写《御制万寿山多宝佛塔颂》刻在石碑上，立在多宝琉璃塔前。

多宝琉璃塔整体造型优美，各层之间

比例匀称，尤其是塔身上镶嵌的五色琉璃砖使塔身呈现出丰富的色彩。在阳光的照射下，镶金塔刹和琉璃塔身光辉夺目，显得雍容华贵，高大挺拔。

多宝琉璃塔是北京现存的琉璃塔中造型最为优美、颜色最为丰富的一座，是清代琉璃塔中的精品，具有极高的观赏价值，反映了清朝琉璃建筑的工艺水平。

龙壁一般用作建筑物的照壁，多建于皇宫、王府、庙宇门前，既可作为院落建筑的屏障，又能烘托建筑物，让建筑显得更加宏伟壮丽。龙壁有一龙壁、三龙壁、五龙壁、七龙壁、九龙壁，其中以九龙壁最为尊贵。

故宫九龙壁（局部）

故宫九龙壁（局部）

我国现存三座九龙壁：北京故宫九龙壁、北海九龙壁和山西大同九龙壁。故宫的九龙壁是其中最精美的一座，堪称我国古代城市雕塑的典范。

故宫九龙壁位于故宫内皇极殿前，建于清乾隆三十八年（1773年），是乾隆皇帝62岁时为在宁寿宫太极殿颐养天年而建的。此壁长20.4米，高3.5米，壁面71.4平方米。此壁通过降低高度和增加长度来称托出广场的宽广和宏伟，被誉为独具匠心的艺术精品。

九龙壁壁面有五彩琉璃砖雕刻的九条巨龙，九条巨龙身体下部有波涛起伏的海

浪，海浪横贯于整个画面，增加了壁面的连续性和完整性。全幅壁面以海水为衬景，海面上浮现正在戏珠的九条巨龙。当中一条黄色正面龙居于主位，主龙左右各有四条姿态各异的游龙。

九龙壁的顶部覆以黄瓦庑殿顶，下面是雕刻精致的青白石须弥座。庑殿顶设有五条脊，当中正脊上也有九条游动的行龙；斗拱之间采用45块龙纹垫拱板。飞椽、额枋均雕镂得细致逼真。须弥座由汉白玉雕琢而成，使九龙壁显得光彩照人。

故宫九龙壁（局部）

九龙壁的正面由 270 块烧制的琉璃块拼接而成，虽然画面层次多，花纹复杂，但拼接处砌得严丝合缝，毫不损坏龙的整体形象，还保护了壁面的坚固。这充分显示出我国古代劳动人民的高超技艺。

九龙壁上的九条飞龙张牙舞爪、腾云驾雾，有雷霆万钧、飞上青天之势。九条龙的形体有正龙、升龙、降龙之分，每条龙神态各异，翻腾自如。为了突出龙的形象，工匠们采取浮雕技术，使九龙壁富于立体感。

九龙壁采用亮丽的黄、蓝、白、紫等颜色，使雕塑显得极其精美。为了使九条

九龙壁是国宝级文物，展示了古代劳动人民的智慧和才艺

九龙壁一角

龙活灵活现，工匠们在配色时运用了色彩补偿的原理。

九龙壁所用的彩色琉璃制作工艺要求极高，对材料的配比和火候的掌握非常讲究，要是掌握不好分寸，烧制一件琉璃成品就得有十来件废品为其代价。为了烧制这座九龙壁所需用的270块琉璃，足足花费了49天时间。

九龙壁是国宝级文物，充分显示了我国古代劳动人民的智慧和才艺。

古代琉璃器

三、古代著名琉璃制品

绿釉陶楼（局部）

在一千多年的历史长河中，我们的祖先给我们留下了许多光彩夺目的琉璃珍品。作为中华民族的优秀儿女，我们不但要将这些珍品虔诚地接收下来，还要对它们进行研究，取其精华，为我所用。下面，对我国古代琉璃制品的上乘之作一一加以介绍：

（一）绿釉陶楼

绿釉陶楼为东汉杰作，通高 216 厘米，基座边长 82.8 厘米，1990 年于河北省阜城县出土，现藏于河北省文物研究所。

绿釉陶楼由台基、门楼和五层楼阁组成，

为仿木建筑陶制模型。绿釉陶楼的各层门窗、屋脊、栏杆等部位都塑有人物和花鸟。楼阁与底部基座、栏杆、门楼浑然一体，结构细密，装饰繁多。

东汉时期，随着庄园经济的发展，各地豪门大族为加强防务，常常自行兴建大型塔楼，以求自保。汉代地面建筑早已埋没于历史长河中，绿釉陶楼的出土展示了我国汉代楼阁式建筑的原貌，弥足珍贵。

此楼直观地再现了汉代建筑的形制和特征，透露了汉代建造技巧的一些信息，是汉代琉璃制品中不可多得的珍品。同时，

绿釉陶楼（局部）

大同代王府九龙壁

此楼也反映出东汉末年皇室衰微，地方豪强势力纷纷崛起，构筑庄园坞堡，拥兵自卫，独霸一方的社会现实。

（二）黄釉贴花莲瓣纹尊

黄釉贴花莲瓣纹尊，北齐制品，于山西寿阳北齐库狄回洛墓出土。尊盖呈僧帽状，敞口短颈，弧腹矮足，釉色甚美，反映了当时琉璃烧造的高超水平。

（三）大同代王府九龙壁

大同代王府九龙壁在我国现存最有影响的三座九龙壁中，是建筑年代最早、尺寸最

大、最富于艺术魅力的一座。另外两座九龙壁坐落在北京：一座在北京北海公园，一座在北京故宫皇极门前。两壁均建于清朝乾隆年间，比大同九龙壁要晚三百余年。

大同代王府九龙壁原是明朝初年代王朱桂王府的附属建筑，为代王府端礼门前的照壁。朱桂是朱元璋的第十三子，生于朱元璋洪武七年（1374年），与蜀王朱椿皆为郭惠妃所生。代王妃为中山王徐达之女，明世祖仁孝文皇后之妹。虽然明王朝规定藩王不得干预地方政治，但由于上述种种特殊关系，同时又握有实权，朱桂是

大同代王府九龙壁（局部）

朱元璋像

大同代王府九龙壁（局部）

曾盛极一时的代王府如今已化为废墟，只有九龙壁幸免于难

大同地区实际上的皇帝。朱桂家族在明朝虽然几经波澜，但始终地位显赫。据《明史》记载，从朱桂开始，传至五世四王时，封郡王者多达二十三位。

明朝初年，朱元璋为了加强中央集权统治，抵御北元蒙古残余势力的进犯，先后将皇子二十五人分封到全国各地为王。朱桂于明洪武十一年（1378年）受封为豫王，明洪武二十四年（1391年）改封为代王，成为九位塞王之一，立王府于大同。代王府为朱桂所建，是在原府学的基础上改建而成的。王府前的照壁九龙壁也是此时所

大同代王府九龙壁

建。

明末清初，大同总兵反清兵败后，在清军疯狂的屠城中，曾经盛极一时的代王府被付之一炬，化为废墟，而王府前的九龙壁却幸免于难，被保存下来，成为今天世人所能观赏的一件珍贵的历史文物。

大同九龙壁为坐南朝北的单面五彩琉璃照壁，长45.5米，高8米，厚2.09米。大同

大同代王府九龙壁（局部）

代王府九龙壁高出一般民房，巍峨挺拔，显得十分壮观，比北京北海九龙壁要高大近三倍。大同九龙壁全部使用黄、绿、蓝、紫、黑、白等色琉璃构件拼砌而成，包括三部分：底部为须弥座，中部为壁身，上部为壁顶。须弥座的束腰镶有两层琉璃兽：第一层是麒麟、狮、虎等，第二层是小型行龙。这些琉璃兽姿态各异，栩栩如生。

须弥座向上平托九龙琉璃壁身，由于比例恰到好处，给人以稳重之感。

壁身东西两端分别是"旭日东升"和"明月当空"的精美图案，并衬有江崖海水和天际流云。

壁身之上有仿木结构的琉璃斗拱六十二组，承托琉璃瓦顶。

壁顶为单檐五脊，正脊两侧是高浮雕的多层花瓣组成的花朵以及游龙等。

大同代王府九龙壁（局部）

整个壁身，上部以蓝色云雾和黄色流云等为衬底，下部以青绿色的汹涌波涛为衬底。九条龙之间用云雾、流云、波涛和山崖相隔连。壁面上九条龙的龙体全为高浮雕，使每条龙一一突显于壁上，大大增强了立体感。

九条龙里正中心的一条是坐龙，正黄色。正黄色在五色中为主色，象征尊贵，为帝王专用色。这条龙正对着王府的中轴线，昂首向前，目光炯炯地注视着代王府的端礼门。龙身向上卷曲，龙尾伸向后方，神情严肃，似在端坐静观。中心龙两侧的第一对龙是两条飞行中的龙，淡黄色，龙头向东，龙尾伸向中心龙。这组龙神情潇洒，怡然自得，大有物我两忘之态。第二

大同代王府九龙壁前有一座倒影池

对龙为中黄色，头尾均向西。其形态与中心龙两侧的第一对龙大致相同，形成了基本对称的图案。第三对龙为紫色，是两条飞舞中的龙。其形态与前者大不相同，显得凶猛暴烈，大有破壁而出、雷霆万钧之势。第四对龙也就是两端的龙，呈黄绿色。

九龙壁前建有一座长 34.9 米，宽 4.38 米，深约 0.8 米的倒影池，这在国内是不多见的。倒影池由石柱围绕，中有一桥相通。每当微风吹过时，满池碧水荡起层层涟漪，这时再看倒映于水中的九条巨龙，真如翻腾于碧海蓝天一般。时至今日，倒影池已经成为九龙壁不可分割的一部分。

（四）大同观音堂三龙壁

大同观音堂三龙壁始建于辽代，从现存实物的建造风格看，当为明代遗物。此壁是大同市唯一的一座双面琉璃龙壁，长12米，高6米，厚1.2米。

三龙壁以镌饰花纹的青石为基础，基础上筑有须弥座。须弥座的束腰处有三层琉璃兽：上层是行龙，呈二龙戏珠状；中层是奔马、麒麟等，中间还有长约1米的黑色琉璃花卉图案；下层是二狮相争图。每层雕兽间均以竹柱相隔连。

三龙壁顶部的四周有四十组仿木结构的琉璃斗拱，承托着五脊琉璃瓦顶、脊兽

大同观音堂三龙壁

大同观音堂三龙壁

和龙吻，造型优美，色彩艳丽。

壁身南北两面各有三条高 3 米的黄色琉璃巨龙，遨游在蓝色的天空和青绿色的江涛海浪中。三龙壁朝北一面的三条龙镶有火珠，朝南一面的三条龙则无火珠。在南北两面的中心，龙头均向上，呈行龙状；两侧的龙头也置于上部，呈飞腾状。三龙壁塑造手法洒脱粗犷，每条龙的造型均极生动，奔放有力，变化自如，优美动人。从各龙之间的布局看，对称中略有变化，前后左右彼此关照，高超的技艺使龙产生了腾飞的神韵，静中有动，似出海蛟龙，奋首向前，游击于晴空碧波之间。

太和岩牌楼已失去了往日的辉煌

北辛武村琉璃牌坊

古代著名琉璃制品

太和岩牌楼雕饰繁缛精美

这座三龙壁堪称琉璃制品中的上乘之作，至今色彩艳丽，保存完整。

（五）太和岩牌楼

太和岩牌楼位于介休市义安镇北辛武村，巍峨壮观，2006年5月25日被国务院公布为第六批全国重点文物保护单位。因为通身包砌精美华丽的琉璃饰件，所以被当地人称为"琉璃牌坊"。

太和岩牌楼原是北辛武村真武庙的门前牌楼，坐北朝南，占地27.7平方米。清光绪二十三年(1897年)，北辛武村晋商冀以和在对村内的七座庙宇进行补修时，在真武庙中轴线之山门前新建了这座牌楼。虽然现在只

山西阳城郭略村豫楼琉璃墙基

剩下牌楼这个单体建筑，但我们仍可以借助于它想象出真武庙当年的气势来。

此牌楼为四柱三楼歇山顶琉璃砖石结构，高 8.5 米，长 9.65 米，宽 1.55 米，四周设压檐石，中间用方砖覆盖，前檐设四级踏步，两侧雕石狮一对，柱基为石制须弥座，四角雕有角兽，中间用缠枝花瓣相连。

太和岩牌楼整个建筑绚丽高贵，庄重典雅，通身包砌琉璃饰件，色彩艳丽，造型传神，运用了仿线刻、仿高浮雕等多种表现形式，并且运用了大量的绘画技法，图案无一雷同。

楼顶为单檐歇山顶，铺以黄绿相间的琉璃脊瓦和吻兽。正脊中间有"春为一岁首，梅占百花魁。世远家声旧，春深奇气新"的题诗。

四条方柱上饰有孔雀蓝琉璃贴片，前后均有琉璃烧制的楹联，当中的一副是："北极极也，本无极为有极；玄天天也，遵先天而后天。"

牌楼的后面与正面相同，坊柱上同样有对联，中为"道事半百年，飞真自天上帝适；名留一千古，游王避地下宇寒"。两边为"净乐钟灵三三诞降，太和得道九九飞昇"。这些对联集中反映了道教文化和中国传统文化的内涵，也证明了当时道教盛行的情况。

柱头、柱底均用琉璃烧造了各种不同的花卉、卷草龙、寿山、瑞兽及八卦等。柱头设仿木阑额，上有琉璃烧制的精美图案，题材丰富。

这座牌楼虽然在历史的岁月中失去了组群关系，但自身的造型却十分完美。它的琉璃构件无论是在造型上，还是在釉色上，均堪称琉璃艺术中的上乘之作。琉璃牌楼在全国留存甚少，介休琉璃牌楼的品位很高，弥足珍贵。据碑刻记载，介休早在唐代即把琉

山西解州关帝祖庙琉璃影壁

古代琉璃器

璃应用到建筑上。明清两代，介休琉璃无论在烧制技术，还是在造型艺术上，都达到了很高的水平。这座牌楼是我国琉璃艺术发展到明清鼎盛时期的典型代表。

（六）解州关帝庙

解州关帝庙位于山西省南部运城市西南20公里处，居黄河中游。其西南与河南、陕西隔河相望，境内中条山峰峦起伏，形若屏障。解州有盐池方圆百余里，古称"瀣"。春秋时晋献公占领此地后，去掉"水"字旁，称此地为"解梁"。解州现在是运城市的一个镇。

解州关帝庙始建于南北朝陈末隋初。随着历代帝王对关羽的加封，庙宇也随之

山西解州关帝庙壁画

不断扩建。明清两代，关帝庙几乎遍布全国各地。而解州关帝庙因地处关羽故乡，规模宏伟，结构特殊，装饰富丽，布局完整，被公认为全国关帝庙之冠。

关羽是三国时期蜀国著名将领，被视为中国历史上的忠义楷模和仁勇化身。忠、义、仁、勇是我们华夏民族的美好品德，是人类文明的最高典范。信仰是我国诸多传统文化现象中的一种，共分化出三大门派，形成了儒、佛、道三大教系。在这三大教系中，独有关羽被三大教系所共同尊奉。儒家称关羽为"武圣人"，佛家称关羽为"伽蓝菩萨"，道家称关羽为"三界伏魔大帝神威远震天尊"。由于三大宗教的共同宣传，关帝信仰超过了一切宗教和一切神灵。从宋朝至今，社会各界人士纷纷前往关帝庙致祭，关帝庙香火之盛可与天地共长久。关帝庙内古迹遗存很多，体现了中国传统的文化。

解州关帝庙门外筑有四龙琉璃影壁、万代瞻仰石牌坊、一对铁狮子和挡众。

关帝庙中轴线上的建筑依次为端门、雉门、戏台、午门、山海钟灵坊、御书楼、崇宁殿等七座建筑，两侧筑有木牌坊、钟鼓楼、文经门、武纬门、精忠贯日坊、大义参天坊、钟亭、碑亭及廊庑建筑近二百间，庙前文经门、武纬门外侧设部将祠、追风伯祠、崇圣祠、胡公祠等，御书楼与崇宁殿之间两侧分别设东华门和西华门。

四龙琉璃影壁为明朝嘉靖年间遗物。影壁下部砌有基座，上部用筒瓦、板瓦、脊饰盖顶，壁面用黄绿色琉璃镶嵌出龙凤、花卉、人物、飞禽、走兽等图案。四龙壁前与端门间有 3 根直径约 10 余厘米的铁柱埋入地下，外露部分高约 1 米，斜向交叉，名曰挡众。凡至此地者，文官要下轿，武吏要下马。门前左右两隅铸有大铁狮一对，威武雄健，气势非凡。

雉门又称大门，创建于明代。清末毁

山西解州关帝庙一景

于战火，清宣统三年（1911年）重建。雉门为单檐歇山琉璃顶，屋脊上的琉璃吻兽和脊饰工艺极佳。

午门为第三道门，在中国古代只有帝庙才有午门。关帝庙午门为单檐庑殿式琉璃顶。中部三间为宽敞过道，两侧砌扇面墙，东绘周仓，西绘廖化，背面绘关羽过五关斩六将连环图，内悬牌匾数方，气势磅礴。

御书楼原名八卦楼，上部为两层歇山琉璃顶。顶檐中心悬二龙戏珠木浮雕藻井，有唐代遗风；中檐下悬"御书楼"匾额；下檐前后悬挂清朝雍正、乾隆、道光、光绪四位皇帝亲笔牌匾六方。

崇宁殿为奉祀关帝的主殿，等级最高。

山西解州关帝庙大门

重檐歇山琉璃顶流光溢彩，四周建有回廊，二十六根石雕蟠龙柱环绕其间。该殿檐下斗拱密集华丽，屋顶琉璃艳丽夺目，殿内装饰金碧辉煌。殿内所设神龛华丽精美，龛内置关羽彩色塑像，头戴冕旒冠，身披绿袍，双手持笏，正襟危坐。

春秋楼位于宫院北端，又名麟经阁，因《春秋》又名《麟经》。关羽喜读《春秋》，此楼故名为春秋楼。此楼为寝宫主体建筑，高大雄浑，结构奇异，为二层三檐，歇山琉璃楼顶，三层檐下均有华丽的层层斗拱。楼内设神龛，龛内有关羽金身坐像，头挽幞头巾，手捋长髯，两侧恭立待从各一人。

解州关帝庙历史悠久，规模宏大，气势非凡，不仅享誉中华，而且扬名四海。

（七）大云寺

大云寺俗称铁佛寺，在山西临汾市西南角。大云寺始建于唐朝贞观年间，清康熙三十四年（1695年）在地震中毁坏，清康熙五十四年（1715年）重建。因为大云寺内高耸的宝塔下供奉着一尊远近闻名的铁铸佛头，所以这里又被称为铁佛寺。大云寺宝塔是古平阳城一带最突出的高大建

商洛大云寺

古代著名琉璃制品

商洛大云寺大雄宝殿

筑物，当地民谣赞美它说："平阳城的金顶塔，离天只有三尺八。"

大云寺寺院由山门、献亭、中殿、方塔、藏经阁等建筑组成。寺院的山门建在高大的台基上，外观形似城墙，中开券门。

大云寺宝塔是寺内现存最完整的建筑，也是全寺精华所在。塔为方型，共6层，由水磨青砖砌成，高30余米。大云寺宝塔底层长宽各12米，至五层时面积逐层收拢，顶层为八角形制，按八卦方位分别镶嵌着乾、坤、震、巽、坎、离、艮、兑等八卦符号。大云寺宝塔塔身下部刻有束腰式肩雕，间柱中雕有突出的龙、虎、兔、麒麟、奔马、花卉、瓜果等图案。

大云寺宝塔各层均设塔檐，檐下均以砖雕刻成斗拱，四角飞檐悬有风铃。底层每面砌依柱四根，分作三间。二层以上无依柱，实为一间，并且四面皆作束腰须弥座，在塔身四壁向内雕砌，结构别具一格。

商洛大云寺宝塔

纵观大云寺宝塔塔身外表，最引人注目的是上下遍布的琉璃装饰。从第二层至第六层，塔的每层四面共镶嵌了黄绿相间的琉璃浮雕 64 块，为阳城工匠烧造。这些浮雕上的仙佛、菩萨、罗汉、弟子、佛经故事中的人物以及花卉、草木，造型形神兼备，气韵生动，刚劲有力，丰富多彩，是珍贵的琉璃艺术杰作。此外，每层塔檐围脊均铺设黄绿色琉璃瓦，勾栏、望柱、飞檐、脊兽、饰件也全用琉璃制成，显得金碧辉煌。

大云寺宝塔顶部为八角攒尖顶，当心围砖脊一周，下设琉璃仰莲平台，莲瓣三层，上有刹座、覆钵、项轮和宝珠。大云寺宝塔的塔顶原为黄金铸成，金光四射，分外惹人注目，百姓因而称大云寺宝塔为"金顶宝塔"。

大云寺铁佛只有头，没有身子，为唐代旧物。铁佛头脸颊丰满，额高鬓宽，螺

山西介休后土庙

发满布，眉骨隆起，鼻梁直挺，两耳垂地，双目凝视，嘴唇微闭，端庄慈祥，气韵飞动，不仅继承了北魏造像的传统手法，而且融合了南北雕塑艺术的特点，为典型的初唐艺术精品。这尊铁佛头虽宽达5米，高达6米，但整个面部五官比例适当，极为难得。在一千三百多年前的唐初，能造出形象如此生动传神的世界第一铁佛头，可见铸造者高度的艺术素养、高超的铸造工艺和当地冶炼铸造业的高超水平。在宝塔琉璃的衬托下，铁佛头更显得精美尊贵。

每当人们抬头仰视时，无不为塔上巨大的铁佛头惊叹。民间认为伸手触摸这尊佛头的五官可以保佑平安，给人带来好运。结果，不仅佛头鼻尖上原先敷有的泥土早已掉光了，就连露出的生铁也被人摸得油光锃亮。

（八）介休后土庙

介休后土庙是一处道教庙宇，位于介休县城西北角，为山西省重点文物保护单位之一。介休后土庙包括五进院落，并配有楼台殿阁，有影壁、山门、过殿、东西廊房、三清楼、钟鼓楼、后大殿等。

后土庙内的主体建筑为三重檐十字歇山

山西介休后土庙正殿

转顶结构，龙吻高耸，狮饰、琉璃楼阁、莲花脊筒、兽头角神相互辉映，构成了一幅壮丽的琉璃艺术画卷。后土庙内有反映道教内容的近千尊悬壁彩塑，塑造手法极高，达到了传神的艺术境界。这些彩塑形象逼真，姿态各异，衣纹线条流畅，形象丰满而神情自然，是不可多得的彩塑艺术佳作。琉璃和彩塑相得益彰，具有极高的艺术水平，使介休后土庙闻名遐迩。

（九）太原县文庙

山西省太原县晋源镇有一组庞大的古建筑群，即太原县文庙。

太原县文庙建于 1373 年，由知县潘原

太原文庙

英从平晋县旧城徙迁而建，建筑年代比太原县城还早两年。经明清两朝营建，文庙南北长240余米，东西宽近50米。

这组规模宏大的儒教建筑为五进式院落，中轴线上有照壁、棂星门、泮池、祀殿、大成殿、明伦堂、敬一亭、藏经阁等建筑，左右两边分别是名宦祠、乡贤祠、忠义孝悌祠、教谕宅、训导宅、库房、斋房等。明伦堂之东有崇圣祠，自成另一个院落。

太原县文庙东西两面有"道冠古今"和"德配天地"牌坊，棂星门两旁为八字短墙，对面为绿琉璃团龙照壁。

棂星即文曲星，所有文庙的正门都以棂星命名，意为孔子应上天文曲星而生。这座文庙有棂星门三间，夹壁、门柱、瓦顶、脊兽均为琉璃制品。

前院中央有泮池。文庙中多设泮池，古代考中秀才叫入泮。太原县文庙的泮池呈元宝形，四周筑有石雕栏杆。一座石桥将泮池一分为二，凭桥栏观赏，可见碧水潺潺，思古之情油然而生。

泮池后面是祀殿，面宽三间，进深二间。古时，每逢春、秋两大祭和孔子诞辰大祭，文庙都要大开庙门，让举人、秀才齐至祀殿摆供献膳。

1990 年，太原市文物管理委员会拨款修缮太原县文庙大成殿。2002 年，晋源区人民政府投资修复大成殿、祀殿、棂星门及两庑五十余间房舍。如今，再看文庙前、中两院的古建筑，只见雕梁画栋整修一新，琉璃建筑流光溢彩，真是旧貌换新颜。

河南社旗山陕会馆

（十）琉璃照壁

河南省南阳盆地东部有个社旗县，县里有个赊旗镇。赊旗镇在古代南船北马，集散百货，因而人称"天下第一店"。赊旗镇有座社旗山陕会馆，人称"天下第一会馆"，为全国重点文物保护单位。琉璃照壁是社旗山陕会馆的主要建筑。

社旗山陕会馆始建于清乾隆二十一年（1756 年），清光绪十八年（1892 年）竣工，共历六帝一百三十六年。社旗山陕会馆位于赊旗镇闹市中心，坐北朝南。主体建筑呈前窄后宽之势，东西最宽处 62 米，南北长 156 米，总占地面积 12885.29 平方米，建筑面积 6235.196 平方米。

社旗山陕会馆系当年寓居此地的山西、陕西两省商人集资兴建的同乡会馆，因馆内供奉关公，又名关公祠、山陕庙，是一座商业会馆类建筑与关帝庙建筑完美结合的古建筑群。当年，各地的能工巧匠齐集于此，各展绝技，从而使社旗山陕会馆的建筑艺术达到了一时的巅峰。

社旗山陕会馆整体建筑分前、中、后三进院落。位于中轴线上的建筑有琉璃照壁、悬鉴楼、石牌坊、大拜殿、春秋楼。两侧建筑有木旗杆、铁旗杆、东西辕门、东西马厩、钟楼、鼓楼、东长廊、西长廊、腰楼、药王殿、马王殿、道坊院等。

社旗山陕会馆集宫殿、庙宇、商馆、民居、园林建筑之大成，既玲珑秀丽、典雅有致，又雄伟壮观、雍容华贵；既充满柔美色彩和

河南社旗山陕会馆石雕

河南社旗山陕会馆照壁

诗情画意，又渲染了宫殿的气势和庙宇的静穆，给人以艺术美的享受，具有强大的震撼力。社旗山陕会馆的装饰艺术，如木雕、石雕、砖雕、琉璃、彩画、宫灯、刺绣品等，镂雕精美，内容丰富，色彩艳丽，堪称绝品。

社旗山陕会馆整体建筑布局严谨，排列有序，装饰富丽气派，具有极高的历史、科学、艺术价值，是国内罕见的古建筑群，建筑装饰艺术精湛，并有丰富的商业文化内涵。社旗山陕会馆在全国现存的八十余座同类建筑中，为首家被国务院公布为全国重点文物保护单位，被业内专家公认为

河南社旗山陕会馆一景

中国第一会馆。

照壁也称影壁，是中国古代建筑的一种独特样式。照壁建得富丽堂皇，能起到先声夺人、引人入胜的艺术效果，使整组建筑显得更加雄伟壮观。照壁壁面的艺术构图多姿多彩，大致可归为两种类型：盒子式和海漫式。而社旗山陕会馆的琉璃照壁则为盒子式与海漫式两种类型完美结合的独特艺术样式。

社旗山陕会馆的琉璃照壁壁面华美，构图巧妙，工艺精湛，令人叹为观止。社旗山陕会馆琉璃照壁位于会馆整体建筑中轴线的最南端，南迎赊旗古镇繁华的瓷器街，北与会馆山门相对。照壁高 10.15 米，宽 10.60

米，厚 1.46 米。照壁朝北的一面为正面，以 476 块琉璃构件镶嵌而成。照壁基部为青石须弥座，高 1.60 米。宽大的束腰部位浮雕变形"寿"字及各种造型的蝙蝠图案，寓"福寿双全"之意。

上部整个壁面以双层竹节为框，最下部为金黄色的仰覆莲，其上一字排开三组图案，即三个照壁盒子。正中图案为八边形，内雕"二龙戏珠"及"鲤鱼跳龙门"。"龙门"是古代科举之门的代名词，表达了当时商人希望科举入仕光耀门庭的美好愿望。图案的两下角饰以两个巨大的蝙蝠造型，寓"遍地是福"之意。

东、西侧图案均为对称之长方形。西侧图案为"奇兽斗麒麟"，图案正中是威武雄壮的麒麟正与一头神兽盘旋相斗。麒麟是神话传说中的吉祥兽，不踏生虫，不折生草，象征祥瑞。上部是青山绿水，一片美景，其间有农夫牵牛，渔夫撒网，樵夫担柴，书生捧读，是传统装饰图案渔樵耕读图。如果仔细观察，会发现绿地和兽身之上有"渚川""陈沛"字样，这是当时工匠秘密留下的地址与姓名，他们也为自己的精湛工艺感到自豪。

河南社旗山陕会馆照壁（局部）

东侧图案是"四狮斗宝"图，四只雄狮上下盘旋而舞，威武中透着活泼，极富动感。上方高高的山崖上立一宽袍之人，正在静观这人间盛景。整幅画面动静结合，情景交融、意境十分隽美。

照壁的设计者独具匠心，在三个图案之间及两侧又精心地设置了两幅古铜色的隶书楹联：内联为"经壁辉光媲美富，巍墙瞻仰对英灵"，外联为"浩气已吞吴并魏，庥光常荫晋与秦"。上方正中为"义冠古今"的题额。以上题额、楹联均为对关公的赞颂之辞。会馆敬祀关公，又名关公祠，因此这两幅楹联与题额不只是三幅图案之间的巧妙分隔装饰，又具有对会馆整体建筑立意的点题

俯瞰社旗山陕会馆

古代琉璃器

之功，可谓珠联璧合，构思奇巧。"义冠古今"题额四周饰以缠枝牡丹，上方正中部置一观音像，两侧又饰有十二个"福"字，寓一年十二个月月月有福之意。题额之上嵌以獬豸造型，突出于壁面之上，向前作俯视状。传说獬豸善辨曲直，能惩恶扬善。主图案之间及两侧由牡丹、莲花、各种变形团"寿"及"福"字图满布整个壁面，暗示富贵荣华、福寿绵长之意。

照壁上部为仿木结构斗拱及檐部结构，顶部为琉璃硬山顶结构，以两狮为吻，正中脊刹为狮驮宝瓶，两侧分立楼阁及甲鱼、海马等神兽。正脊表面为高浮雕缠枝牡丹与行龙。寿桃形固瓦钉帽也与照壁之

河南社旗山陕会馆照壁富丽堂皇，大方美观

古代著名琉璃制品
089

装饰主题福寿吉祥相吻合。

综观整个照壁，装饰内容丰富，主次分明，立意明确，设计巧妙，相接严密，富丽堂皇，和谐流畅，色彩艳丽，既给人以直观的美感享受，又富有厚重的文化内涵，堪称中国古代建筑中照壁装饰的经典之作。

这座照壁被誉为"琉璃照壁之最"，不是指其规模最大，而是指其装饰工艺最为独特。照壁作为中国古建筑的特有形式，其装饰风格主要有两种：

其一为海漫式，即以整幅壁面组成一幅完整的图案，多以龙与海水图案为主，如北京北海之九龙壁、山西大同之九龙壁等；

其二为盒子式，仅以砖雕或石雕装饰照

河南社旗山陕会馆琉璃图案

壁壁面的中心部位，或为菱形，或为椭圆形，称之为盒子。全国现存会馆类建筑或其他民间古建筑中之照壁多为此种形式。

社旗山陕会馆的琉璃照壁将海漫式与盒子式两种风格完美地结合于一体，将各种琉璃烧制的吉祥植物、吉祥动物、神兽，匾额与楹联，变形"福"、团结"寿"字等图案巧妙组合成一幅内容丰富、寓意深刻的完整画面，既有相对独立的盒子装饰，又有海漫式的画面效果。

社旗山陕会馆的琉璃照壁主次分明，衔接自然；既富丽堂皇，又和谐流畅；既给人以直观的美感享受，又富有厚重的文化内涵。为此，社旗山陕会馆的琉璃照壁堪称全国会馆类建筑照壁装饰的艺术巅峰。

（十一）文津阁

清乾隆三十九年（1774年）六月，乾隆皇帝命江宁织造曹寅详细勘查我国著名藏书楼宁波天一阁，将其画成蓝图进呈。

蓝图进呈后，乾隆皇帝立即命人模仿天一阁的建筑样式，在北京紫禁城内建文渊阁，在沈阳建文溯阁，在圆明园建文源

承德避暑山庄文津阁

古代著名琉璃制品

承德避暑山庄美景

阁，在承德避暑山庄建文津阁，用以珍藏《古今图书集成》和《四库全书》。这四座藏书阁被称为北四阁或内廷四阁。

此后，乾隆又命增抄三部《四库全书》，珍藏于在江南修建的南三阁：镇江金山寺的文宗阁、扬州大观堂的文汇阁、杭州西湖圣因寺的文澜阁。

这南北七座藏书阁虽然环境和规模有所不同，但主体建筑藏书阁的样式均以天一阁为蓝本，即阁的外观为两层，而内部实为三层：底层分为六间，谓之"地六"；中层用来藏书；顶层六间，六间相通，意为"天一"。这种布局暗合西汉学者郑玄注解《易经》的"天一生水""地六成之"的说法，取以水克火之意。

七座藏书阁与天一阁的青砖灰瓦不同，都采用了黑琉璃瓦绿剪边的屋顶。黑色在五行中代表水，这种设计也暗合以水克火之意。

坐落在避暑山庄的文津阁十分壮丽，前面有水池，池南叠砌假山，假山之上筑有月台和趣亭。这样的布局和假山除了借鉴天一阁外，又兼具宋代米芾宝晋斋的建园特点，多了几分园林气氛。

文津阁除了藏书阁和碑亭是琉璃建筑

承德避暑山庄牌匾

外，趣亭和花台也是琉璃建筑。这不仅在
七座皇家藏书阁中别具一格，而且在避暑
山庄建筑群中也独树一帜，极为特殊。

　　避暑山庄在康熙时期就已经初具规
模。康熙皇帝一直将避暑山庄的园林风格
定位于自然古朴的山水园林上，追求的是
自然朴素，因此没有琉璃建筑。

　　乾隆时期国力昌盛，建筑装饰日趋华
美繁琐。避暑山庄里很多改建、新建的园
林建筑渐渐背离了康熙的规划思想，斗拱、
彩画和琉璃建筑层出不穷，形成了乾隆时
期的园林风格，可谓面貌一新。

　　在避暑山庄一百二十多组园林建筑
中，乾隆皇帝共建造了五处具有琉璃建筑
的园中园：永祐寺六和塔、广元宫、珠源

承德避暑山庄文津阁一景

寺主体建筑、文园狮子林和文津阁。永祐寺、广元宫和珠源寺为寺庙建筑，使用琉璃是合宜的。作为园林庭院的文园狮子林，只在后面院落点缀了琉璃建筑枕烟亭和吐秀亭，这也不为过。但是，乾隆皇帝在文津阁的四个主要建筑上都使用了琉璃，这在园林造景上是大胆的创新，被人认为不合体宜。

因为乾隆皇帝对《四库全书》和文津阁极为重视，所以才在避暑山庄中营建了一处精美、华丽的园林式藏书院。文津阁已知有四处琉璃建筑，除了黑琉璃绿剪边式屋顶的藏书阁外，阁东有黄琉璃顶的碑亭，阁南假山上有黄琉璃顶的趣亭，阁北有五色琉璃的叠落花台。据乾隆四十年《奏销档》所载，热河园内新建文津阁一座，仅琉璃脊瓦料一项就耗银 6125 两。

文津阁藏书阁面南而建，为卷棚硬山式建筑，通高 14 米，建筑面积 756 平方米。面阔六间，通面阔 26.2 米；进深五间，通进深 14.62 米，前后设廊和腰檐，前廊东、西设廊筒子门，东廊筒子门外设琉璃门罩。根据文献记载，文津阁藏书阁屋顶为黑琉璃瓦绿剪边，正脊、垂脊和围脊均为花脊。

文津阁藏书阁琉璃门罩是仿垂花门的琉

璃装饰物，施琉璃三彩斗拱，设琉璃垂柱，琉璃纹饰仿彩画样式。

文津阁藏书阁的正脊、垂脊、围脊均为琉璃花脊，纹饰与文溯阁和文澜阁相似，为海水祥云纹饰。文津阁藏书阁屋脊的海水祥云纹饰灵巧而富于变化，与文澜阁接近；而文溯阁位于禁宫，祥云纹样较为端正平直。文津阁藏书阁花脊脊高 30 厘米，厚 18 厘米。海浪位于祥云之下，约占总高的三分之一。海浪外缘和浪花为黄色琉璃，其余为绿琉璃。花脊通面阔中线以江崖坐中，海水祥云纹饰左右对称，海浪朝向中线。

文津阁琉璃瓦

文溯阁藏书阁的花脊每三朵海浪组成一块琉璃砖，各块琉璃砖的纹饰相同，首尾相连、循环反复拼成花脊。而文津阁藏书阁花脊每四朵海浪组成一块琉璃砖，每块长 48 厘米，各块琉璃砖首尾相连拼成花脊。文津阁花脊琉璃砖使用不同的模具制作，纹样均不相同。这样可以避免重复，使图案更富于变化。

依据文渊阁现存实例和乾隆年间《样式雷文渊阁地盘立面图》，可知文渊阁藏书阁虽为花脊，但正吻和吻兽却没有做变形设计，仍然沿用了清代官式的标准做法。但是，目前发现的文津阁藏书阁吻兽的绿琉璃龙睛和龙鼻均非清代官式的标准做法，应该属于单独设计的花脊吻兽。根据文津阁藏书阁与琉璃罩花脊样式的相关性推断，文津阁藏书阁的花脊吻兽有可能是祥云状象鼻子龙。

在承德外八庙中，普陀宗乘之庙和须弥福寿之庙的山门、安远庙的普渡殿、普乐寺的宗印殿等建筑都采用了花脊吻兽，但这几处吻兽也各不相同，都经过样式房的专门设计。

文津阁藏书阁吻兽龙睛的造型接近于安远庙普渡殿和普乐寺宗印殿的样式，而吻兽的龙上唇向上卷起，嘴角装饰鱼鳍纹，外形

文津阁一角

类似于明代的象鼻子吻兽，接近于文渊阁碑亭的垂兽样式。

文津阁掩映在参天古木之中

文津阁碑亭通面阔 5.87 米，与文溯阁、文渊阁、文澜阁的碑亭大小各异，但建筑样式基本相同，并且都位于藏书阁之东，屋顶样式仿照了中国南方建筑中的驼峰式，俗称盝顶，翼角起翘也高于清代官式做法。各藏书阁碑亭屋面均覆黄琉璃瓦，琉璃构件上纹饰的题材虽然相同，但设计风格却有很大差别：

文津阁、文溯阁与文渊阁碑亭戗脊都是黄琉璃的花脊，纹饰也都是卷草纹饰组成的二方连续图形，但纹饰风格却大相径庭：文津阁碑亭花脊纹饰与承德普陀宗乘之庙山门垂脊纹饰最为接近，较文渊阁简洁，而文溯阁碑亭卷草纹饰最为繁缛复杂。

文津阁一景

　　趣亭位于文津阁西南侧的假山上，是一座开间仅 2.4 米的四角亭，采用了黄琉璃屋顶。

　　文津阁叠落花台为琉璃花台，南北共两层，高下错落，故称作叠落花台。花台与文津阁藏书阁主轴线相对，位于阁北。花台北侧叠砌假山，并栽植一排油松作掩映。这一琉璃花台与北京故宫御花园和《圆明园四十景图咏》所绘方壶胜境中的琉璃花台的风格、样式基本相同，属于清代官式琉璃花台的常见做法。

　　文津阁琉璃花台是勾栏须弥座样式，第二层花台建在两层黄梅花绿地琉璃砖上，比第一层花台高 0.41 米。须弥座上设有琉璃栏杆，望柱为素面海棠池子纹饰，栏板为孔雀蓝色镂空如意头纹样。

　　清代的花台一般都栽牡丹和芍药，配以奇石，杂以各色花卉。文津阁琉璃花台五色琉璃光彩夺目，等级高贵，是避暑山庄内目前已知的唯一一处花台。文津阁花台黄梅花绿地琉璃砖与原存于承德五窑沟山神庙前墙上的琉璃构件完全一致。

　　乾隆皇帝出于对《四库全书》的珍爱，在文津阁内为我们留下了琉璃制品的上乘之作。

（十二）外八庙琉璃牌坊

外八庙琉璃牌坊有两座，分别位于承
德外八庙寺庙群的普陀宗乘之庙和须弥福
寿之庙。这两座琉璃牌坊不但形制一样，
就连牌坊的图案装饰也完全相同，全部采
用等级高贵的黄、绿釉琉璃装饰，又全部
采用浮雕手法表现精美的图案。我国古代
将黄色视为最尊贵之色。在五行学说中，
黄色为中央正色，因此皇帝将其作为自己
的标志。

精美的浮雕图案不仅起装饰牌楼的作
用，而且蕴涵着丰富的政治与宗教内容。
外八庙琉璃牌坊在琉璃牌坊的边柱及大小
额坊上雕刻着多种花卉纹饰，其中莲花在
佛教中被视为美好圣洁之物，是吉祥和道

承德外八庙琉璃牌坊

承德外八庙雪景

德的象征；忍冬花即金莲花，佛教将其自然属性与佛教的某些教义相附，宣传忍受各种磨难之佛教思想；宝相花把自然界的各种花卉巧妙地结合在一体，为综合性的花卉图案，在佛教中含有普度众生的含义。岔角云、芭蕉树、缠枝、卷草等纹饰都是吉祥与纯洁的象征。

外八庙琉璃牌坊正楼云龙匾上有乾隆皇帝用满、汉、蒙、藏四种文字书写的御笔题额。两端次楼匾上有两条巨龙左右对称，正在追啄着一颗滚动闪光的宝珠，构成二龙戏珠图案，寓意吉祥，富有传统的民族特色，雕艺精湛，栩栩如生。

琉璃牌坊的楼脊装饰华丽，两只兽吻昂首屹立于正脊之上。四角仙人走兽威风凛凛地翘首顶端，四只垂兽昂首挺胸立于垂脊之上。这些动物饰件含有消灾免祸、逢凶化吉之意。这些装饰用小兽使古建筑更加雄伟壮观，富丽堂皇，充满艺术魅力。

琉璃牌坊光彩夺目，涵义丰富，引人注目，在寺庙的整体布局上与周围的建筑巧妙地融合在一起，显其高贵华丽，庄重威严，富有神韵。这充分反映了我国古代工匠的聪明睿智和高超的艺术水平。

四、琉璃艺术之乡

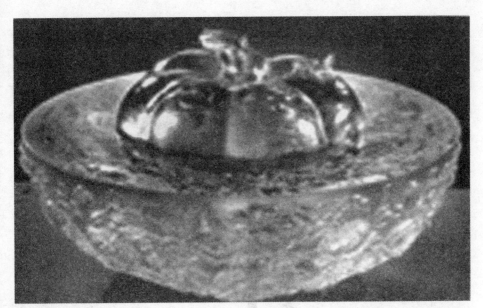

山西阳城琉璃制品

一千多年来，山西省因琉璃作坊分布广、匠师多，而被称为"琉璃艺术之乡"。山西省的琉璃产地主要有太原、阳城、河津、平遥、介休等处。

太原市盛产琉璃制品，是山西省的特产之一，历史悠久。盛唐时，太原已是碧瓦朱甍照城郭，满城尽是琉璃楼阁了。明清时，太原琉璃瓦已远销外省，装点了许多著名古建筑。太原在明代万历年间盛产琉璃，以迎泽区马庄山头村最为集中。村中烧制琉璃的有苏、白、张三大家，以苏家最为有名，最有影响。苏姓早年从洪洞大槐树移居苏家湾，后来迁到迎泽区马庄山头村。不久，苏家分出两支，一支去了代县吴家窑，一支去了北

北京琉璃厂东街橱窗展品

京。

　　阳城烧造琉璃始于元代，在山西省众多门派的琉璃匠师中，阳城乔姓是其中烧造琉璃人数最多、延续时间最长的一支。从明代正统年间开始，一直到清代顺治、康熙、乾隆、嘉庆年间，乔氏传承关系明确，班辈系列清晰，有族谱可查，有县志可考。

　　琉璃制作在古代晋城有悠久的历史和传统的绝技，而晋城琉璃制作又以阳城县乔氏琉璃为最佳。阳城琉璃制作世家乔氏家族的祖先在唐代由陕西迁到高平，经宋、元两代，于明代辗转迁到阳城，专门从事黑、绿瓷器和琉璃的生产。乔氏琉璃制品远近闻名，人称"乔氏琉璃"。

山西阳城寿圣寺琉璃塔

　　阳城县寿圣寺的琉璃塔、东岳庙舞楼正脊楼阁式琉璃塔刹均采用乔氏琉璃。从这些建筑中可以看出乔氏琉璃色质纯正，质地考究，工艺精湛，品种繁多。其色彩有孔雀蓝、墨绿、黑、黄、紫多种，其中以孔雀蓝效果最佳，为人们所钟爱。由于乔氏琉璃质地优良，明代故宫的琉璃狮子和明十三陵的部分琉璃制品均为阳城乔氏所制。

　　河津琉璃生产始于明代万历年间，吕氏家族是当地生产琉璃的世家。吕氏以琉璃制作为业，技艺精湛，产品上乘，是名副其实的琉璃世家。吕氏琉璃釉色绚丽纯正，人物、

动物惟妙惟肖，栩栩如生，倾倒了琉璃高
手。吕氏琉璃多用于沈阳故宫、北京故宫，
也曾用于河南灵宝后土庙、陕西韩城城隍
庙，以及本省的晋祠、洪洞的广胜寺和解
州的关帝庙等。

平遥是著名的琉璃之乡，至今仍大量
保存着宋金以至元、明、清各代建筑琉璃
构件和各种精美的琉璃器皿，充分显示出
平遥琉璃工艺的高超技艺和悠久历史。北
汉天会七年(963年)重建的京城寺主体建
筑万佛殿和金大定三年(1163年)重建的
文庙主体建筑大成殿，均使用了平遥琉璃

平遥古城古建筑琉璃屋顶

构件。

元朝统一中国后，结束了宋、金长期对峙的分裂局面，平遥琉璃工艺开始进入发展阶段，琉璃品种从一般砖瓦发展到建筑装饰附件，其琉璃色彩是黄、绿、蓝、白、赭、褐等诸色并用。东泉镇百福寺山门的脊饰便采用了平遥琉璃构件，釉质浓厚，色泽深沉，显得庄严肃穆，金碧辉煌。

元代平遥琉璃制作规模大、匠师多、分布广、技术精，均超过了前代。这一时期，平遥还出现了精美的大型琉璃浮雕艺术品，如琉璃影壁、牌坊、楼阁、宝塔、香亭、神

十三陵献陵建筑琉璃脊兽

龛等。

清康熙二十七年 (1688 年) 重修的平遥市楼，顶屋全用琉璃构件，黄、绿、蓝三色交相辉映，排列有序，堪称清代琉璃的代表作。清咸丰九年 (1859 年) 至清同治三年 (1864 年) 重建的城隍庙、财神庙，其殿宇屋顶布满了色彩斑斓的琉璃瓦和各种琉璃饰件，以蓝、绿为主色，黄色相间，组成清冷色调，造型精美，美不胜收，令人叫绝，堪称平遥琉璃工艺的杰作。

介休琉璃源远流长，在唐代贞元十一年（795 年）时就有文字记载。介休琉璃

山西介休后土庙戏台琉璃脊兽

实物可追溯到隋代，如今琉璃生产已经绵延一千四百余年了。明代时，介休琉璃烧造业达到了鼎盛时期。后土庙琉璃建筑群、北辛武琉璃牌坊、五岳庙等使用的介休琉璃制品都是这一时期的琉璃精品。

介休丰富的陶土和煤炭资源，以及勤劳智慧的工匠，成就了介休琉璃艺术。介休琉璃烧造业世代相传，技艺已达到炉火纯青的程度。

介休琉璃形制众多，色彩斑斓，曾创造出全国罕见的孔雀蓝和黑琉璃。北京故宫、沈阳故宫、西安古建筑、苏杭寺庙、长沙园

介休后土庙三清观影壁

介休后土庙天王殿屋顶琉璃脊兽

介休后土庙护法殿

介休三清楼琉璃殿顶

介休后土庙山门殿顶琉璃雕饰

林等都有介休人烧造的琉璃艺术品。

　　介休琉璃建筑独树一帜、自成体系，几乎囊括了所有的建筑形式，如琉璃牌坊、琉璃碑、琉璃影壁、琉璃脊瓴、琉璃博风板等，有的龙吻和脊楼竟高达两米多。

　　综上所述，山西不愧为"琉璃艺术之乡"。

古代琉璃器

五、琉璃之乡

北京西郊琉璃渠村背靠九龙山，东临永定河。这里村子虽小，却因世代烧造琉璃而驰名中外，被誉为"琉璃之乡"。

元世祖忽必烈兴建大都城时，所用匠师多由山西迁来。山西著名琉璃匠师赵氏进京后所建的西窑就是琉璃渠窑场。这座窑场七百余年来，代代相承不衰，窑火长燃不熄。元朝定都北京后，即将山西赵氏琉璃窑迁到北京城南海王村，其旧址在今和平门外琉璃厂。当年，赵氏窑场的琉璃制品远近闻名，震动京城。

清朝康熙年间，琉璃厂一带的书摊一天天多起来，渐渐形成了书肆。清乾隆二十年（1755年），琉璃厂一带成了繁华市区，已经不适宜烧制琉璃制品了。于是，清廷下令，将赵氏窑场迁到京西琉璃渠村。从此，琉璃渠村成了北京唯一一处为皇宫烧造琉璃建材的场所，对皇家建筑业的贡献越来越大。北京明故宫、明十三陵、颐和园、香山卧佛寺、北海、清东陵、清西陵以及众多皇家园林、陵寝、寺庙建筑所用琉璃大都产于此地。早在元代，工部就曾在琉璃渠村设琉璃局，由六品监造官主管，监造琉璃制品。从此，琉璃渠村成了

北京琉璃厂文化街夜景

北京最大的琉璃制品生产基地。

在封建社会，琉璃建筑制品属于皇家御用品，百姓不能使用，因此琉璃渠窑场一直官办，制品有严格规定。

琉璃渠村烧制琉璃制品始于辽代，至今已有八百多年的历史。1983年6月，考古工作者在琉璃渠村挖掘出土了一处瓷窑遗址，是著名辽金龙泉雾瓷窑遗址。出土的四件琉璃制品中有辽三彩琉璃坐佛两尊：一尊高40多厘米，全身施以绿、奶白、酱黄三色琉璃釉色；一尊高50余厘米，褊衫和唇部均绘有朱砂红色。这两座坐佛塑造工艺高超，为典型辽代佛像造型风格和手法，具有极珍贵

北京琉璃渠村过街楼

古代琉璃器

的艺术价值。

北京琉璃渠村牌坊

琉璃渠村九龙山产高品质的页岩石料，也称坩子土，这就从根本上改变了琉璃的质地，从而保证了琉璃制品的质量。元代以前，琉璃多用陶泥黏土、胶泥土等制坯，坯胎又粗又松。而用近似瓷土的坩子土作胎料，其颜色为月白色，质地紧密，釉色艳丽，烧造温度可达1150℃。因而所制琉璃人见人爱，成为明清皇宫的专用制品。

因为琉璃渠的琉璃制品属宫廷御用，所以不惜工本，胎骨和釉料全部精选，精益求精。所采原料要经春风吹、夏日晒、

北京琉璃渠村关帝庙

秋雨淋、冬冰冻，然后再用永定河水炼泥，经制坯、精雕、细琢、烘干、烧造、施釉等二十余道工序后制成琉璃制品。匠师在琉璃制造过程中，每件制品都力求形制与色调的统一。

明清两代的琉璃匠师继承了唐、宋以来的建筑艺术风格，融汇了各地的优秀工艺，形成了一套最具代表性的绝技。因此，官式建筑最能代表中国建筑的艺术水平。官式琉璃所沿袭的风格被记录在清朝《工程做法则例》以及民间琉璃秘本中，并以口传心授的方式一代代地流传着。其中每件建筑琉璃制

北京琉璃厂文化街一景

北京琉璃厂展出的传统文化老物件及艺术品

北京琉璃渠村九龙壁

品都有一定的尺寸和纹饰方面的规制，各部位均有严格的比例关系。

琉璃之乡的琉璃渠村窑场按清廷工部规制烧造琉璃，一直被视为传统琉璃之正宗，形成了中国标准的官式做法。其制品近看有形，远观有势，线条优雅，色彩秀美，装饰精巧，寓意深刻，刚柔相济，形神兼备。

我国劳动人民在总结前人宝贵经验的基础上，继承和发展了中华民族传统的琉璃艺术，再现了琉璃的光辉风采。从人民大会堂、历史博物馆到钓鱼台国宾馆、北京大学教学楼、毛主席纪念堂，从北京西客站到哈尔滨友谊宫，大江南北到处都有琉璃之乡的琉璃制品。